AF260201

GERVAIS.

HISTOIRE

NAPOLÉON III.

IMPRIMERIE DE X. DUTEIS, A VILLENEUVE.

1861.

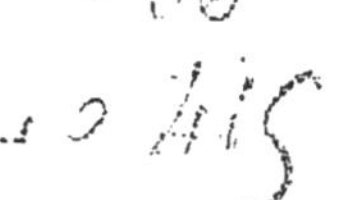

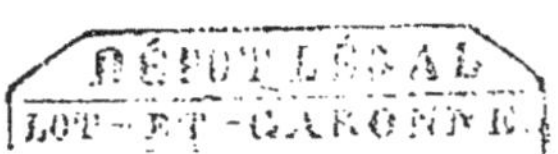

INTRODUCTION.

Cet opuscule est une abréviation de l'histoire de Napoléon III, par MM. Guy et Galix. Pour cette abréviation, j'ai fait choix de l'ouvrage de ces deux auteurs, à cause des exemplaires nombreux qui sont dans nos communes. Leur choix a dicté le mien.

Mon opuscule n'est qu'un calque des événements du livre de MM. Guy et Galix et de leurs réflexions philosophiques et politiques.

Ce n'est qu'avec réserve et circonspection que je parle des personnes; quand elles offensent les lois, le plus souvent je ne fais qu'exposer la règle aux contrevenants; et en ces termes, pour donner un exemple, mordre la main royale ou impériale qui donne l'argent et les honneurs, c'est faire preuve d'avilissement, c'est se placer au-dessous de Barrabas, qui fut reconnaissant à sa grâce, et au-dessous de Judas Hiscariote, qui se pendit par remords et élévation de caractère.

Quant à Philippe du 10 Août, Bossuet me guide en écrivant la vie de Caius et de Domicien.

Mon opuscule hait les tyrans et révère la dynastie régnante, ses gravitations d'honneur, de gloire, et le Pape spirituel, la houlette pastorale à la main.

La houlette pastorale et le sceptre ne font qu'un, ils criblent le passé.

APERÇU

DU RÈGNE DE LOUIS PHILIPPE.

La branche aînée bourbonnienne avait pardonné
les d'Orléans; en ce pardon, la charité avait prévalu sur l'histoire. En disant à la branche aînée
que la branche cadette rendait le mal pour le bien,
l'histoire fut envisagée par la famille régnante en
1845, à l'égal de Cassandre par les Troyens. Philippe ne se montra reconnaissant *envers la ven-
geance à force de bienfaits*, que du bout des lèvres.
Il fut inexorable dans sa devise : le mal pour le
bien, commune à la branche cadette. Philippe su-
renchérit sur le caractère anti-patriotique des

siens ; c'est à raison de cette surenchère, qu'un écrivain célèbre a dit de lui : « *Il fut un monstre ténébreux sous le trône caché.* » Philippe se montra felon à la loi salique, qui lui défendait tout droit à la couronne ; il se fit conspirateur contre le principe dont il ne pouvait être qu'un ridicule Phaéton. Pour s'emparer d'un sceptre qui lui appartenait moins qu'à la branche aînée, il affectait des sentiments étrangers à son cœur ; le misérable caressait le peuple pour en faire le marche-pied de son ambition illicite. Le peuple, pur comme l'aurore du jour, jugeait Philippe comme lui-même. Les sergents de l'armée, aussi sincères que le peuple, étaient éblouis et séduits par l'accueil de Sa Majesté embryon, en son château de Neuilly. Par ses cajoleries et apparences républicaines, Philippe paraissait aux galons une abnégation patriotique ; il savait si bien leur dire : *Seigneur ! Seigneur !* L'ordre démocratique qui régnait dans sa famille privée fesait accroire le même ordre dans l'avenir politique ; ce n'était là que la diagnostique d'une sirène. En embauchant les sergents, Philippe imitait pareil embauchage de Cromwel, avec connaissance de cause.

Pour monter au trône, Philippe avait besoin de l'émeute démocratique ; il savait que le haut mercantilisme , qui voulait *exabrupto* les éperons de la chevalerie, était assez fort pour museler l'émeute en courroux. Pour ces raisons, Philippe était coquet envers la démocratie, qui , bercée de ses démonstrations amicales , le prenait pour un Fabricius et un Guilhaume Tel. Philippe avait extérieurement l'onction d'un évangéliste et l'arrière pensée d'un inquisiteur. Imperturbable dans son rôle de plébéïen , on voyait Philippe se promener journellement dans les rues de Paris , un parapluie sous le bras ; on eût dit un simple ouvrier fesant des commissions pour son maître. Philippe , dans ses promenades prolétaires , donnait des poignées de main à toutes couches du peuple ; il était l'homme de l'artisan , du bourgeois , du noble famélique. Les visites girondines trouvaient chez le citoyen soi-disant , de Neuilly , un drapeau girondin ; les visites Casimir Périer, Lafite Audry, de Puyraveau, y trouvaient la pourpre dont Mirabeau voulait vêtir Monsieur Egalité de 1789. La présence de Montmorency , de Laroche Jacquelin trouvait en Philippe la haine aux factions , aux révolutionnaires , et des protestations d'amour et de respect envers la branche aînée et ses descendants. Philippe fesait accroire à tout le monde qu'il était à Neuilly, comme sous l'empire romain , les abdications impériales en la culture des jardins. Sous ces apparences trompeuses, Philippe s'acheminait à une occasion favorable, pour se servir à coup sûr du couteau des attentats.

Environné des comédiens de 1815, Philippe ouvrait son cœur aux plus belles espérances. Parmi ces comédiens, était un honnête homme sous l'aspect privé, Jacques Lafite! Il disait à sa Majesté en projets : « Quand vous serez sur le trône, je veux être votre fou » (Mémoires de Saram). Jacques Lafite était aussi aveugle que la branche aînée; Jacques Lafite avait des yeux pour ne point voir dans Philippe la complicité de son père, ignoblement baigné dans les cataclismes Delaunay, gardes du corps à Versailles, et Louis XVI. Avant d'être le partisan de Philippe, Jacques Lafite aurait dû avoir le caractère de Narcice dans Britannicus.

Philippe arracha la couronne au peuple de Juillet, en lui donnant des coups de canon, des caresses, il le jeta aux gémonies. En témoignage de cette vérité, l'histoire signale les horreurs des cloîtres Saint-Méry, de la place de Grève et de la croix rousse à Lyon. Durant ces supplices, le peuple réclamait sa couronne, volée par l'usurpateur du 10 août. Il criait à Philippe : rends-moi ma couronne. Il inspirait l'intérêt du citoyen romain battu de verges par Verrès : rends-moi ma couronne, c'est à moi à la donner au plus digne ; Charles X repentant de l'exhumation de 1815, me l'avait remise : rends-moi ma couronne, elle m'appartient en vertu du décret sanglant du 21 Janvier; tu ne peux te prévaloir de l'exemple de Philippe VI des Vallois ni de Louis XII ; ces monarques étaient au bel âge de la vie, et toi, tu es mort politiquement, et encore davantage que Charles X, pourvu du fantôme de la loi salique qui te réprouve : rends-moi ma couronne, je ne veux pas te l'échanger contre la chanson de *Barbarie, mon ami,* que tu entonnes sur le balcon du Palais-Royal. Cette chanson te peint comme la lyre de Néron, ce tyran de Rome et des peuples. Qu'as-tu à m'objecter l'hérédité de la gloire ! Le régent, ton aïeul, avait assassiné la flotte espagnole, de complicité avec le gouvernement britannique; ton père était, par peur, descendu à fond de cale de son vaisseau, au combat naval des îles d'Ouessan ! et toi, tu passas aux Autrichiens comme transfuge : rends-moi ma couronne, car le prestige d'hérédité te manque et encore davantage le prestige de ta gloire personnelle ; tu veux être avec les idées nouvelles et tu es conspué par Voltaire ; *il faut avoir bien servi son pays.* Le duc de Berry et le prince de Condé demandent si le pays fut bien servi quand la mort violente vint les saisir, sans la moindre apparence de raison d'état.

Telle est en substance l'allocution du peuple à Louis–Philippe, escamoteur de la couronne de France, le 10 Août 1830. La déchéance aurait sévi contre Philippe, si la destinée napoléonnienne n'avait demandé les délais voulus par la Providence. Les génies régénérateurs se font attendre jusqu'à la maturité des événements.

Réfractaire à tous sentimens d'honneur, Philippe s'obstina dans son usurpation ; il pouvait en effacer le vice au moyen du suffrage universel, mais il avait à faire au concours de la dynastie napoléonnienne, qui était vivante dans tous les cœurs. Philippe, tout tremblant devant l'aigle d'Iena et de Friedland, n'osa descendre dans l'arène des élections ; il préféra sa contumace qui vécut à peu près le temps d'un habile larron, dix–huit ans. — Sous le règne de fait de Philippe, la constitution était infectée de deux vices radicaux. Le manque d'élection du roi en était un, et le manque du suffrage universel était l'autre. En outre, le suffrage restreint se trouvait agravé de deux cent mille salaires directs ou indirects. Ces deux vices étaient aussi désastreux que la divisibilité de la couronne sous les deux premières races. Tout le monde sait que la divisibilité de la couronne fit passer les bénifices et offices dans les mains du petit nombre. Une des conséquences de la divisibilité de la couronne: Les marmitons de l'archevêque de Vienne, au rapport de l'abbé Mably, avaient établi des impôts sur les mariages.

Je passe aux conséquences principales des deux vices de la constitution de 1830. Sous l'aspect extérieur, la France était garrottée au pilori des humiliations, au profit du gouvernement britannique, dont Philippe était le honteux jouet. Milord l'appelait Philippicule. Il fesait chanter à ses oreilles des chansons mocqueuses et ironiques : *Jamais l'Anglais ne règnera en France.* Il y régnait, car les monopoles de Milord embrassaient toutes les mers. La Belgique était devenue une préfecture du gouvernement britannique. Pour asservir la France sur des bases durables, une entente existait entre Metternich et le gouvernement de Londres. Ces bases durables étaient les démembrements de la France sur les modèles d'outre-montagnes et d'outre-Rhin. L'intérêt de Méternich était de consolider les vieilleries, et l'intérêt du cabinet de Saint-James était de consolider ses monopoles maritimes. Méternich plaidait pour la cause du recul à l'obscurantisme ; or, l'obscurantisme est le seul soutien de la résultante britannique : la lumière a pour objet de la faire rentrer dans l'équilibre. A l'heure qu'il est, les ténèbres se dissipent ; ce n'est plus la France qu'on cherche à couvrir de rouille, c'est au contraire la France qui envoie des détersifs aux nations de l'Europe et du monde pour les nettoyer. La France, avec son principe et le génie qui le dirige, ne peut qu'aller en avant ; le cortége des idées nouvelles ne peut lui faire défaut : elles ont pour garantie immuable de triomphe, la logique infaillible du passé historique.

Par le succès de la proposition Metternich, la flotte anglaise aurait exigé à ses pieds le naufrage des flottes de l'Europe.

Philippe, dont l'égoïsme était pire que celui de Clotaire II, qui avait immolé la patrie aux exigences seigneuriales, dressait des autels à la réussite de la proposition barbare du ministre de Vienne et aux sympathies vénales du gouvernement de Londres. Pour prouver son allégresse aux Anglais, Philippe leur promit, en *son plaisir tout particulier,* sauf cependant l'adhésion de la législature, notre conquête de l'Algérie. M. Berrier signala du haut de la tribune l'action du grand coupable ; un reste d'honneur dans l'assemblée fit pâlir Philippe , qui se hâta de dégager sa position conditionnelle. — Qu'on lise le *Moniteur* , il fait foi de ces assertions.

Les vices de la constitution avaient groupé des milliers d'afflictions dans le pays, sous des rapports extérieurs et intérieurs. Au-dehors, à dater de 1840 , notre diplomatie n'était que nominale. Mehemet Aly avait été détaché de notre alliance. L'indemnité Pritchard nous humiliait , le droit de visite nous rendait ilotes du pavillon anglais ; ce pavillon flottait insolemment sur nos têtes , et avec lui les lambeaux du projet Reyneval, que la honte du 10 Août avait brisé.

Au-dedans, le pays gémissait sous la pression du vendalisme de deux cent mille électeurs. Ces preux, à raison du double budget de cinq milliards d'emprunts , avaient accaparé vingt et quelques milliards. Les améliorations de la cité étaient zéro ; l'engrais de la faction de Philippe était complet ; cette faction avait fait ses calculs pour profiter vite. En 1830 , cette faction était la maigreur ; Chateaubriand lui disait alors : « *vous avez tout à recevoir et rien à donner.* » Il faudra beaucoup de temps pour amender la faction de 1830.

Les enrichis de Philippe aspiraient à la pourpre ducale ; cette aspiration est une conséquence du sommet financier. Les blasons inférieurs se seraient encadrés, suivant leur appréciation vénale, dans les duchés et comtés. Le dernier chenon aurait pris le nom de châtellenie. Cette lèpre sociale fut refoulée par l'enfantement de notre ère nouvelle. Le siècle d'Henri IV avait étouffé le recul Biron ; le siècle de Napoléon envoya à l'embarcation du furet le recul Philippe. Le pot-au-lait des preux au billet au porteur, fut virtuellement cassé. Ces preux, sans l'élévation de Napoléon III au pouvoir, seraient passés aux réactifs d'épuration de la Montagne. J'en appelle à ces paroles menaçantes de son principal chef : *Dans un mois, je serai dictateur ou fusillé....*

OSTRACISME

DE

LOUIS NAPOLÉON.

Le prince Louis Napoléon, fils de la reine Hortense née de Boharnais, était âgé de huit ans environ, quand la proscription de 1815 vint le ravir à la France, sa patrie. C'est avec de vives douleurs qu'il se sépara du sol natal. Ses regrets amers, témoignant de son amour pour son pays, lisaient évidemment dans l'avenir régénérateur. L'exil de l'enfant fut fixé en Suisse, dans le canton de Thurgovie. Les heureuses dispositions que l'Empereur avait reconnues à son neveu reçurent en la patrie de Guillaume Tel les développements dignes d'elle :

Sciences, beaux-arts, équitation, natation, gymnase, tout fut prodigué à la jeune plante du malheur. L'accroissement prodigieux de ses tiges donnait de l'ombrage aux hérodes du régime constitutionnel. Que pouvaient les malédictions de ce régime contre l'homme d'épopée ?

C'est sur les montagnes de la Suisse et dans le lac de Constance qu'apparurent les premiers fruits de l'éducation du jeune prince. L'histoire en cueillit l'événement et en transmit la nouvelle en tous lieux de notre planète. Elle fut ravie de la révélation des sentiments les plus généreux, d'une vivacité d'esprit, d'une agilité de corps exemplaire et d'une âme fortement trempée. Les écoles de Thurgovie conçurent de si hautes espérances en Louis Napoléon, que ci-devant l'école de Brienne en Napoléon Ier.

La Pologne, le Portugal, l'Italie, ne tardèrent pas à offrir à Louis Napoléon le timon de leurs affaires. L'Italie le jugea digne de commander aux armées ; le succès aurait répondu à sa confiance, si les chefs de la Péninsule n'avaient entravé ses plans de campagne. Ces obstacles devaient être aussi funestes à l'Italie, qu'autrefois la suffisance des généraux espagnols à la cause de leur patrie : Pour ne pas avoir écouté les conseils du grand

Condée, ils furent battus à plate couture par Turenne.

Louis Napoléon conseillait à l'insurrection des mesures promptes et expéditives ; elles auraient conquis l'Italie à la bonne cause avant l'arrivée des armées autrichiennes, lentes à se former et à se mettre en campagne. Louis Napoléon savait ce qu'avait valu la vitesse à la gloire de son oncle, victorieux, à Montenote, Lody, le pont d'Arcôle. C'est pour cette raison d'expérience bien comprise, que, ne pouvant mettre par la sagesse de ses conseils en mouvement les chefs révolutionnaires, il chercha à les entraîner par son exemple héroïque et triomphant. Louis Napoléon s'était emparé de Civita–Castellane ; si les commandements supérieurs avaient agi dans leur sphère, à l'égal du prince Napoléon dans la sienne, l'Italie aurait secoué sans intervention le joug autrichien avec la même stabilité qu'autrefois la Suisse ; mais il était écrit dans les destinées que le front de Louis Napoléon avait besoin de la ceinture de la couronne de France, avant de conquérir la patrie des beaux-arts, à l'indépendance, à la liberté, à l'unité du pouvoir et à la bienveillance de l'Europe.

Les fautes des chefs de l'insurrection firent battre leur armée, qui fut acculée au pied des murs d'Ancône, où Louis Napoléon courut les plus grands périls. Cependant les ressources intellectuelles de la reine Hortense prévalurent contre les obstacles, et le fils et la mère traversèrent l'Italie, sans alarmes ; ils arrivèrent en France dont l'entrée leur était interdite sous peine de mort.

Les disgrâces de la guerre , la perte du frère du jeune prince, la fièvre, tout venait affliger Louis Napoléon. C'est sous ce triple accablement qu'il arriva à Paris , où il prit pour asyle l'hôtel de la Hollande , en face de la colonne Vendôme. Louis Napoléon contemplait la colonne et le peuple qui célébrait l'anniversaire de son oncle martyr de Sainte-Hélène. Quel spectacle émouvant pour Louis Napoléon ! La colonne tapissée de fleurs lui en envoyait les parfums , comme prophétie !

La colonne Vendôme retentissait des hymnes de condoléance du peuple de Paris , *l'esprit et le cœur de la France.* Ces chants étaient aussi symboliques que ceux qui précédèrent le 18 Brumaire. Ils jetaient l'alarme à l'usurpation du 10 Août ; aussi Philippe se hâta-t-il de faire signifier aux deux infortunes l'ordre de quitter la capitale. Sur cette injonction , accompagnée de la menace du code pénal , Louis Napoléon et la reine Hortense se rendirent en Angleterre , où Louis Napoléon s'occupa sérieusement des entières études de l'homme d'état.

Louis Napoléon, après amples provisions scientifiques, revint en Suisse, la patrie de la frugalité et de la liberté. Un grand homme destiné à la régénération de son siècle, peut-il trouver un séjour plus homogène que la Suisse ! Cette nation a sur le cœur, et partant dans ses actes, les droits de l'homme et les théories philosophiques du contrat social : *la vertu définie, l'habitude du bien,* est sa devise. Le lait de la Vierge fut pour le Christ la chasse des vendeurs du Temple, et l'air des montagnes de l'Helvétie devait être pareil miracle pour Louis Napoléon.

Le général Lamarque, au nom du pays, proposait à Philippe la gloire comme lessive de sa boue originelle ; Philippe, incorporé à sa faction et à sa métropole de Londres, ferma l'oreille à toutes motions patriotiques ; il préféra son fouet anarchiste au sceptre égalitaire. La duchesse de Berry fut une victime notable de la tyrannie de Sa Majesté citoyenne ; Philippe avait adopté l'adage . l'insurrection est le plus saint des devoirs. Aux termes de cette proposition, la duchesse de Berry ne devait pas être mise en prévention par Philippe ; toutefois, le jury était compétent pour la juger. Philippe

sentait que cette compétence prononcerait un ver-
dict d'acquittement en faveur de sa proie. Ce ver-
dict ne pouvait pas être une condamnation, car
elle aurait été commune à Sa Majesté citoyenne.
Philippe, hors la loi, voulut agir dans l'intérêt de
son égoïsme et de celui de sa faction ; aussi en son
costume de caracale, il envoya la nièce de sa
femme prisonnière en la forteresse de Blaye. Philippe, s'érigeant en casuiste, argumenta d'un
péché contre la duchesse de Berry ; il l'accusa de
grossesse. Pour donner une apparence de vérité à
l'accusation, on appela duchesse de Berry une
femme grosse, que des sbires avaient fait entrer
dans la citadelle de Blaye. La lumière patriotique,
la presse, ne tarda pas à signaler la substitution
frauduleuse. — Il fallut savoir de quel côté était
la vérité ; le jury représentant la nation, décida
que la vérité était du côté du journalisme, qu'il
acquitta bien et dûment.

Les vices de la constitution de 1830 étaient la
source d'un déluge de maux contre la France. Les
hommes d'élite gémissaient sur le sort du pays.
dans ce nombre, on remarquait Chateaubriand et
Arman Carrel. Ces hommes de cœur ne voyaient
le salut de la France que dans le rétablissement
sur le trône de la famille des Napoléon. Ces deux

hommes de cœur et de génie représentaient les
vœux de la nation. Fort de ces manifestes du bon
droit et de l'hérédité de la gloire, Louis Napoléon
prit pour le théâtre de l'acceptation des offres patriotiques, la ville de Strasbourg ; il était sûr du
bon esprit de cette ville et des troupes qui tenaient
garnison dans ses murs.

En France, Louis Napoléon n'avait d'autres anta-
gonistes que le veto et le haut mercantilisme, que
tout le monde connaît.

A Strasbourg, les fidèles du prince Napoléon
étaient le colonel Vaudrey, son régiment et M. de
Persigny. Le colonel Vaudrey était une abnégation,
comme le brave Abner des livres saints ; M. de
Persigny était une belle nature, réunissant à une
magnanimité à toute épreuve les finesses diploma-
tiques : *le style étant tout l'homme*, les circulaires
aux Préfets de M. de Persigny peignent au naturel
cet homme de cœur et d'état : « Punissez le vice
» et donnez la main à l'admiration pour les gran-
» des œuvres de l'Empereur. Le culte des souve-
» nirs est beau, celui de la patrie est le plus beau
» de tous. » A Strasbourg, le programme de Louis
Napoléon était celui de Napoléon Ier : l'appel de
tous les enfants de la cité, *sans examen du point
de départ.*

Louis Napoléon, après s'être assuré de la personne du général Voirol, qu'il confie à bonne garde, s'avance avec le régiment commandé par Vaudrey, à la caserne, aux cris de Vive Napoléon III ; les soldats de la garnison descendent de leurs chambres respectives dans la cour, où ils se mêlent aux soldats du régiment de Vaudrey. La fraternité était on ne peut pas mieux intime, lorsque l'imposture vint la rompre. « Ce n'est pas Napoléon III » que vous proclamez Empereur, dit le colonel » Taillandier, c'est le fils de Vaudrey. » Sur ces paroles, prononcées d'un ton de vérité, la garnison remonta dans la caserne ; Louis Napoléon est appréhendé au corps, garrotté et conduit à Paris sous bonne escorte. Sans le mensonge, Louis Napoléon environné des troupes de Strasbourg, raliait tout le nord de la France jusqu'à Paris. Le nord était encore vibrant des merveilles de la campagne de France. Au moyen de ces souvenirs, joints à l'hérédité de la pourpre et au mérite personnel, Louis Napoléon entrait aux Tuileries sans faire éclater une capsule. Philippe ne tenait sur le trône que par les craintes d'un second 1793.

Arrivé à Paris, Louis Napoléon réclama la sentence de ses juges naturels, on les lui refusa ; il fut mis dans la balance qui avait pesé la duchesse de

Berry. Comme Louis Napoléon inspirait plus de danger que la duchesse, on le transporta à New-Yorck, et avec les mêmes procédés dont se servent les trafics pour le transport des nègres des côtes de Guinée à la Nouvelle-Orléans. A New-Yorck, le souvenir de Rochambault et Wasingthon s'identifiait avec la pensée philantrope du jeune prince pour la France. Aux désirs de racheter la France de l'anarchie, s'unissait une circonstance de piété filiale. La reine Hortense allait subir une opération de haute chirurgie et fort dangereuse. Un si grave motif ne pouvait que faire rompre à Louis Napoléon le ban qui lui avait été imposé par des mesures arbitraires.

Le retour de Louis Napoléon en Suisse fut un jour de fête pour cette république.

Les sentimens qui avaient sollicité le retour de Louis Napoléon en Suisse, et les lois de l'hospitalité ne purent rien contre l'ombrage et les paniques du soi-disant Roi des Français. Philippe envoya cette alternative à la Suisse : « le renvoi de Louis Napoléon ou un blocus hermétique. » La patrie de Guilhaume Tel, fière de son droit, fesait volte face aux agressions du roi temporaire. Louis Napoléon se hâta de détourner la foudre qui grondait sur l'Helvétie, par son départ pour l'Angleterre. Philippe qui avait fait une levée de boucliers contre la Suisse, n'entreprit pas de descendre en Angleterre ; il avait gourmandé la Suisse pour son hospitalité, il loua Milord pour la pratique du même droit. L'initiative de Philippe avait été les bassesses; il devait les continuer jusqu'à sa mort politique. Son drame en France devait être le même jusqu'au dénouement.

Le jeune prince dut étudier en Angleterre les ressorts par lesquels ce rocher britannique fait jaillir sur sa cime l'opulence du monde.

En 1840, Philippe avait fait descendre la France à la dernière période de l'avilissement; elle fut retranchée du congrès d'Orient. Cet écart nous fit perdre l'alliance de l'Egypte, aux grands regrets de cette puissance. — A dater de 1840, la France n'eut qu'une valeur nominale dans la balance de l'Europe.

Cette situation avilissante fesait désirer Louis Napoléon. Cédant aux vœux de son pays, il s'embarqua dans la prison d'Edymbourg avec ses fidèles, dont le nombre s'était accru, et débarqua à Boulogne. Les orages inséparables des actions épiques jusqu'à leur triomphe, transportèrent Louis Napoléon à Paris, où il fut jugé par la pairie, au nom du roi Philippe aussi omnipotent sur cette assemblée que ci-devant Louis XVIII contre le maréchal Ney. Le triste rôle des pères conscrits remonte à la déchéance de Napoléon Ier et de sa famille. La clôture des réformes en Europe avisera ; alors les joies seront universelles et préservées des révolutions.

Louis Napoléon fut défendu à la chambre des pairs par les avocats Ferdinand Barrot et Berrier. L'un et l'autre se distinguèrent dans leurs plaidoiries. M. Berrier finit la sienne à peu près en ces termes : « Si le prince Napoléon avait réussi, l'auriez-vous condamné ? Vous ne ferez pas rouler sa tête sur les cendres de son oncle aux Invalides. » En terminant sa défense, Louis Napoléon dit aux pairs : *Si vous êtes les hommes du pouvoir, prenez ma tête, elle vous appartient.*

La pairie, organe de Philippe, déporta le prince Napoléon au fort du Ham ; c'est là qu'il compléta les études profondes de l'homme d'état et qu'il enrichit la république des lettres, de plusieurs volumes littéraires et scientifiques.

Quand le temps des épreuves voulues par la Providence fut venu, un ange ôta les verrous du fort du Ham et conduisit par la main Louis Napoléon en Angleterre.

Les agents de Philippe répandirent le bruit que

la magnanimité secrète de Philippe avait ouvert les portes de la prison du jeune prince. On cherchait à accréditer ces faux bruits pour prolonger les jours poitrinaires de Sa Majesté. Ces faux bruits firent quelques dupes ; mais la majorité du pays était depuis longtemps fixée sur les placages et sur la valeur de ce qu'ils couvraient. Les fictions de M. Thiers avaient prévalu plusieurs années, mais leurs élans sans réalité avaient fini par irriter la nation.

M. Thiers, secondé de MM. Odilon Barrot et Duvergier de Haurane, jetèrent par les banquets réformistes, Louis Philippe au haut de l'arbre sauvage des épreuves. Louis Philippe se laissa tomber dans le cercueil de la mort politique. Ce cercueil le porta en Angleterre, avec la honte de l'indifférence. Philippe fut envisagé à l'égal de la grêle quand elle a fait ses ravages. On ne peut se servir des d'Orléans que pour châtier, et non pour régner.

La république fut acclamée.

M. Thiers avait compté sur la régence ou à son défaut sur le retour des d'Orléans, après la lassitude de la république. Si M. Thiers avait eu les idées qui viennent du cœur, ce savant historien serait devenu une abnégation patriotique, et partant, le fidèle de Louis Napoléon. M. Thiers avait

pris l'habitude de trôner sous l'ombre d'un roi constitutionnel ; cette habitude était devenue une seconde nature. L'homme intelligent est toujours le
jouet de l'être sensitif. Si mesquines que soient les
passions, une fois enracinées dans les caractères,
elles n'en sortent que par nécessité vertu. Tel fut
M. Thiers et tel il sera toujours : il lui faudrait des
pouvoirs au jour le jour, pour en être successivement le médicastre intéressé. Il devait sonder Louis
Napoléon pour savoir s'il avait des aptitudes à
chuter dans les précaires du régime constitutionnel. Dans ce but, il lui conseillait un coup d'état
inopportun (il avait les caractères inopportuns);
parce que Louis Napoléon ne s'était pas encore
assez dessiné à la nation et aux soldats. Quand
M. Thiers s'aperçut que Louis Napoléon attendait
en sa faveur la maturité des événements, il lui devint hostile et le combattit avec toutes les armes
qu'il avait en son pouvoir ; il avait sous la main
toutes celles de la vieille faction, mais elles n'a-
vaient ni l'approbation de l'armée, ni celle de la
nation. Les visites que Louis Napoléon fesait à son
peuple et les revues des troupes qu'il passait journellement, lui conciliaient tous les cœurs, et au-
tant que le génie du général Bonaparte, les dégue-
nillés victorieux à Arcole et à Montoue.

GOUVERNEMENT PROVISOIRE,

Louis Napoléon, Constituante, Présidence de Louis Napoléon, Législative, Louis Napoléon, Empereur.

Le gouvernement provisoire était composé d'hommes modérés et violents.

Dans le camp de la modération, figuraient Lamartine, Marie, Garnier Pagès, Marast, Dupont de Leure.

Dans le camp de la violence, Ledru-Rolin et Louis-Blanc.

Les dictateurs modérés se fesaient remarquer par la diversité de leurs talents ; mais le cumul de ces talents était incapable de faire un homme d'état.

Sous cet aspect, les dictateurs de la violence n'étaient pas plus riches que leurs frères de la modération : leurs mains étaient trop débiles pour le timon des affaires.

Lamartine n'avait pas sur le front la plante du Ciel, et en outre, sa pensée était dans le monde idéal ; Lamartine ne cessait d'être le peintre des Girondins.

M. Marie plaidait admirablement la cause de la veuve et de l'orphelin ; mais le cothurne gouvernemental n'avait jamais été fait pour lui.

M. Garnier Pagès était un appelé élu, en matière de finances.

M. Marast était toujours aristophane ; mais il aurait fallu le miracle pour en faire un Sully ou un Colbert.

M. Dupont de Leure était le Nestor immuable du libéralisme ; il lui était aussi dévoué que les galons de sergent, âgés de vingt-cinq ans de service à la discipline militaire.

Un mot sur l'Elite de l'Exaltation.

M. Ledru-Rolin, tribun impétueux, orateur véhément, avait pris la place de Mirabeau à la tribune et celle de Danton dans la rue. Son foyer à ramifications en toute la France, annonçait le réveil de la montagne ; on croyait la voir sortir de la prostration du 9 Thermidor. M. Louis-Blanc était le lieutenant de M. Ledru-Rolin ; il trônait en sous-ordre. M. Ledru-Rolin parlait par M. Louis Blanc, comme Robespierre par Saint-Just.

M. Louis-Blanc était à la tête de cent mille ouvriers ; la misère et l'espérance en avaient fait des
soldats prétoriens.

Sous Louis-Philippe, le trésor salariait directe-
ment ou indirectement deux cent mille électeurs.

Après le 24 Février, les noms seuls avaient
changé.

Le fond des choses restait le même ; c'était toujours le plus grand nombre opprimé par le petit.

La discorde était parmi les dictateurs ; ils cher-
chaient à se supplanter les uns les autres. Chaque
nuance dictatoriale était une idole ralliée à des
adeptes. Chaque idole avait [son club, dont elle
recevait les ordres. Ils congédièrent les troupes de
Paris en leur disant : nous n'avons pas besoin de
vous, la république est invulnérable.

Cependant les fruits de la république étaient
amers ; l'agriculture gémissait dans l'inaction ; les
fabriques dans le chômage, le commerce dans
l'inertie, l'Etat était paralytique. En tous lieux, on
eût dit le cercueil aux chants lugubres. On voyait
des milliers de familles manquant de travail, porter
des torches allumées. Au lieu de les éteindre par
le pain, les chefs de ces malheureux les enflam-
maient davantage par leur luxe et fastes scanda-
leux. Ces torches menaçantes vinrent à la porte de

la constituante ; elles y trouvèrent pour soutiens , Blanky, Barbès et Huber. Ces tribuns vociférèrent un milliard sur les riches. Cette demande eût été modeste si elle ne s'était adressée qu'aux comédiens de 1830 , spoliateurs de vingt milliards ; or, aux termes du code Napoléon , le dol est aussi coupable que la violence. L'orage dans l'assemblée fesait craindre le retour de la foudre de Marat : « *Canonniers à vos pièces.* »

Les besoins du peuple invoquaient l'ordre et la subordination. Louis Napoléon entendit sa voix et vint, au nom de la France, offrir son dévouement au gouvernement provisoire. La dictature à onze têtes ordonna à Louis Napoléon de se retirer.

Fesant partie du mal d'enfant , le gouvernement provisoire ne pouvait interrompre le cours de la maladie ; il devait lui laisser parcourir ses phases douloureuses, jusqu'à l'arrivée du terme voulu par la nature politique.

A la sonnerie du noble exercice du suffrage universel , rédempteur des utopies à régime constitutionnel, Louis Napoléon vola au secours de son pays, qui le porta en triomphe à l'assemblée constituante. La chambre, l'urne et le pays furent unanimes pour l'admission de Louis Napoléon à la constituante.

La commission exécutive se montra hostile à la volonté nationale contre Louis Napoléon ; elle exhuma contre lui la loi de proscription de 1832. Avec un tel conflit , que pouvait-on espérer de la république ! Dans le but généreux du rétablissement du calme , Louis Napoléon revint en Angleterre , toutefois avec le préalable de cet écrit adressé au président de l'assemblée : *Si le peuple m'imposait des devoirs , je saurais lui obéir.* Ces paroles furent interprétées par Cavagnac , Jules Favre , Clément Thomas , Thouret , d'une manière contraire à la vérité et avec des expressions peu parlementaires. Ils blasphémaient contre Louis Napoléon , à l'égal des énergumènes de Milton contre Dieu. Cette levée de boucliers tout-à-fait démagogique et identique avec l'arbitraire de la commission exécutive, révoltait la France , qui désirait en finir avec la turbulence des babels.

La constituante ne fesait qu'abriter au Luxembourg les cent mille janissaires de M. Louis-Blanc. La philosophie pratique de Diogène n'était pas celle de ces cent mille ouvriers ; ils avaient tous les besoins de notre époque de civilisation et de luxe. Cependant par déférence pour la république, la garde prétorienne du Luxembourg donna un délai de trois mois à la constituante, aux fins de lui four-

nir les aliments nécessaires; il fallait satisfaire les
exigences des ouvriers sans pain et sans travail,
ou ramasser le gant qu'ils avaient fièrement jeté à
l'assemblée. Avant l'expiration des trois mois,
l'émeute grondait çà et là, dans les rues, sur les
places publiques. Le lion populaire dressait sa cri-
nière, comme pour rafraîchir la mémoire à la constituante et lui signifier le choix du parti qu'elle
avait à prendre.

La constituante était dans les anxiétés; elle avait
sans cesse sous les yeux le tableau de la montagne
de 1793; il est vrai que ses actes féroces étaient
dans les profonds souvenirs de la capitale!

On ne pouvait tenter la conciliation, car la
France n'en était pas au siècle de Ménénius Agrippa
et de Fabricius.

Pour vaincre l'émeute, il fallait réduire le nombre
dictatorial et le réduire à un seul. Pour y parvenir,
on fatigua la commission exécutive par les dangers
imminents de l'émeute. La vue de son courroux
journalier fit démettre la commission exécutive de
tous ses pouvoirs, en faveur du général Cavagnac.

La sagesse de cette déférence donna la victoire
au général Cavagnac; il en fut solennellement cou-
ronné le 23 Juin 1848. Dans sa pensée, il croyait
que les palmes du 23 Juin lui assuraient à vie

l'épée de la république. Le général Cavagnac avait les talents du sabre et de la tribune ; mais les connaissances politiques lui manquaient entièrement. Comment aurait-il eu le temps de les acquérir? D'autre part, la plante du Ciel n'était pas descendue sur son front. — Cette prérogative est bien rare; Dieu ne l'accorde ordinairement qu'aux monarques d'initiative. — Cavagnac, l'homme du 23 Juin, était l'homme du 18 Fructidor, le général Augerau.

Ce dernier, à raison de son incapacité politique, était le favori du Directoire; pour la même raison, le général Cavagnac était celui de la Constituante.

La constituante se croyait invincible avec le glaive du général Cavagnac, c'était son Duguesclin.

Dans son ivresse, la constituante pensait que le général Cavagnac sortirait aussi triomphant de l'urne électorale que des affaires de Juin; aussi aborda-t-elle hardiment les chances du concours du suffrage universel. Il ne pouvait entrer dans la pensée de la constituante que Louis Napoléon fût une candidature sérieuse. L'amour-propre a pour objet de fermer les yeux des prévisions; cet adage est applicable à la constituante. Malgré ses efforts à intriguer, en faveur de la candidature de son protégé et libérateur, elle échoua presque honteusement. Louis Napoléon se présenta à elle avec un nombre de suffrages cinq ou six millions de fois plus considérable que celui du général Cavagnac. La constituante, à un éloignement incommensurable des majorités de la France, devait se retirer.

La constituante avait le cœur serré et la paleur sur le visage ; toutefois, son front devint radieux en présence du ministère Odilon Barrot et de la prorogation des faveurs. La constituante avait presque les mœurs du régime constitutionnel. Pour cette raison, les honneurs, les salaires, les bénéfices lui étaient agréables.

Le 10 Décembre, l'émeute paraissait vouloir sortir des cendres du 23 Juin et demander des répressailles ; à ce spectacle de terreur, la constituante se dévoua à son Président, Louis Napoléon, à qui elle donna son entière confiance.

L'émeute avait fixé le jour de la bataille au 26 Janvier 1849 ; la nuit du 25 au 26 fut employée à paralyser l'insurrection. A cet effet, le préfet de police Rebillot s'était assuré des chefs conspirateurs Bonne, Grépeau et autres. L'émeute, privée de ses chefs et réduite à un noyau impuissant de recrutement, fut mise en déroute complète. Louis Napoléon et Changarnier dirent, comme autrefois César : « *Nous sommes venus, nous avons vu, nous avons vaincu.* »

Cependant le pétitionnement arrivait de toutes parts, demandant la dissolution de l'assemblée; à ce pétitionnement se joignait la proposition Rateau. La force des choses fit congédier la constituante : l'espérance de l'avenir lui fit accepter la dissolution sans regret.

Napoléon favorisa de toutes ses forces l'espoir de la constituante; il recommandait les hommes du national et du libéralisme à l'urne électorale, et souvent contre ses fidèles. Cette politique eut l'amour de M. Thiers, au point qu'il conseillait à Louis Napoléon un nouvel ordre de choses, qui n'était qu'un replatrage, et contraire au pays; or, le Président de la République le portait tout entier sur son cœur.

Pour obtempérer à l'intérêt de toutes couches du peuple, le devoir de Louis Napoléon était d'attendre la maturité des événements. C'est cette maturité qui rétablit la splendeur du principe et fait la stabilité des prospérités nationales. M. Thiers, qui voulait reprendre son rôle de garde malade, eut tort aux yeux de la France et de l'Europe, représentée par Louis Napoléon.

L'urne électorale avait mis au monde 182 montagnards; ce nombre et ses ramifications effrayaient la législative. L'exonération du 26 Janvier conciliait au Président de la République tous Girondins et libéraux de la législative ; ils lui étaient obéissants, à l'égal de Rome à la discipline, par la crainte de Carthage. Les restes de féodalité eurent des craintes bien fondées devant 1789 et années suivantes ; or, la féodalité engraissée depuis 1830, redoutait extraordinairement l'émondage de la montagne. Les perplexités de la législative disaient à chaque instant à Louis Napoléon : « Sauvez-nous, c'est la » mission de votre mandat ; à celui du suffrage » universel, s'unit la volonté du Ciel ; sauvez- » nous, nous implorons votre pouvoir discrétion- » naire, comme autrefois Rome républicaine celui » de Camille contre Brenus. »

Comme Louis Napoléon était avant tout l'élu du principe, la confiance du libéralisme en ses mesures sanitaires ne pouvait être qu'en lui seul, car le propre des races nouvelles est d'épurer sans secousse et d'opérer les conversions et restitutions avec le préalable de leurs volontés. Durant la menace des malheurs, les factions sont sages et amies de la vérité ; il n'y a que l'état licencieux qui les frappe de vertige.

Le 13 Juin 1848, la Montagne se mit en ligne de bataille ; mais le nombre des combattants qu'elle attendait lui fit défaut. M. Ledru-Rolin, légiste et

orateur au barreau et à la tribune, n'avait pas
la qualité d'historien; il n'avait pas étudié les péripéties des masses. Les masses parisiennes ne se
mettent en action que lorsqu'il y a efficacité de
crises politiques. En 1830, les masses se mirent
en mouvement pour agraver tout-à-fait la turpitude
du régime constitutionnel et le convertir à la foi
du principe immuable de la France; les masses se
mirent en mouvement le 23 Juin comme pour signifier la nécrologie de la montagne et montrer
l'aurore du retour du gouvernement paternel. Ce
n'est qu'à des intervalles d'une vingtaine d'années
de tribulations que les masses s'émeuvent, s'agi-
tent, luttent et combattent.

Etienne Arago, Ledru-Rolin, Louis-Blanc, Ra-
tier, Boischot, furent vaincus le 13 Juin 1849 et
obligés de chercher un asyle sur les terres étrangères.

Si ces tribuns avaient connu l'esprit des masses
insurrectionnelles, ils seraient restés fidèles à l'ordre et à la discipline, par le désespoir de leur
cause démagogique.

A l'époque présente, la démagogie n'a plus d'ex-
cuse, par cela seul que l'enfantement politique
régénère le monde depuis le 2 Décembre. A notre
époque, les fonctions, soit civiles, soit militaires,

soit cléricales, qui n'approuvent un acte ou plusieurs actes du gouvernement, doivent donner leurs démissions; l'honneur national leur impose cette obligation essentielle. Le héros d'Homère et l'auteur du Génie du Christianisme sont des exemples. Dans une circonstance mémorable, Châteaubriand porta la démission de ses pouvoirs aux Tuileries et se mit en marche pour son itinéraire de Jérusalem. Plus tard, le peintre d'Atala et de Cymodocée fit l'éloge de Napoléon Ier. «*Après la révolution de 1830, dit le celèbre écrivain, le duc de Reichstadt convenait au trône de France; sa mère lui avait légué le passé, et son père, haut enjambé, l'avenir.* »

Recevoir l'argent et les honneurs d'une main royale ou impériale et la mordre, c'est faire preuve d'avilissement et se mettre au-dessous de Judas Hiscariote, qui eut des remords et l'élévation de caractère de se pendre.

Le 13 Juin 1849, le général Changarnier conseillait à Louis Napoléon un coup d'état; ce conseil était de bonne foi. A cette époque, M. Changarnier appartenait à la vérité historique, le fondement du principe de la France; il appartenait à l'esprit de calme et de sagesse; il appartenait à ses précédents guerriers et patriotiques. L'ivresse que don-

nent les vanités n'avait pas encore porté la pertur-
bation dans son caractère, ni fait souffler le vertige dans sa tête, amie du sens commun. Le conseil de M. Changarnier avait pour objet de ramener
la France à l'ornière de ses grandeurs ; mais l'exé-
cution du conseil du général était inopportune ; il
fallait au coup d'état la maturité d'un temps donné,
il fallait le manifeste des tribulations générales bien
senties dans toutes les couches du peuple, soit
sous le rapport intérieur, soit sous le rapport extérieur ; alors seulement un coup d'état se fait à
propos, parce qu'il est dans les désirs de tout le
monde. Au temps près, le conseil de M. Changarnier était louable et patriotique.

La législative délivrée des foudres de la montagne, le 26 Janvier et le 13 Juin, par l'habileté et
le courage de Napoléon, son Président, allait aux
folies de l'insubordination ; elle croyait suffire à
elle-même, sans songer que le gouvernement provisoire et la commission exécutive s'étaient suppri-
més à raison de la discordance. Le grand nombre
de la législative ne pouvait que s'attendre au même
désaccord, avec les conséquences qui avaient en-
voyé au néant les pouvoirs antérieurs. En France,
une assemblée n'a pas plus de force pour sa conser-
vation qu'autrefois à Rome les décemvirs et les

triumvirs. Les hommes aglomérés dans des caté-
gories désordonnées , suivant l'expérience , doivent
s'attendre aux événements d'épreuve. Les assemblées qui délibèrent sans les pondérations voulues
par le caractère national , sont toujours certaines
du naufrage ; il arrive dans un temps donné , et
lorsque les souffrances sociales sont à leur paroxisme. Après que la législative eut secoué le joug
des dangers , elle s'acheminait à ce paroxisme , et
pour l'atteindre avec plus de vitesse , elle cherchait
à rompre avec la gratitude qu'elle devait à Louis
Napoléon. Elle chercha à planer sa balance, d'abord
par des réticences et ensuite par le cynisme de la
fronde la plus éhontée.

M. Thiers , qui rêvait la rétroactivité orléaniste,
prit l'initiative du jet de la pierre contre Louis Napoléon. ¡En parlant des hauts faits d'armes de nos
armées à Rome et de la délivrance du pape , sauvé
de l'anarchie la plus périlleuse , M. Thiers garda
un profond silence sur la part de gloire de Louis
Napoléon , qui avait détruit les rouilles féodales et
monacales dans les états du pape. Au lieu d'expri-
mer ces épurations et leurs suites efficaces envers
le bon droit , l'ex-favori de Louis-Philippe était
resté muet sur les sentiments de gratitude que le
pays devait au zèle , à la haute pensée et à la sa-

vante direction de Louis Napoléon dans les affaires de Rome et d'Italie. Par le silence de M. Thiers, Louis Napoléon ne paraissait qu'un simulacre ; il l'affichait à la France comme une sinécure à régime constitutionnel. Louis Napoléon, qui avait la conscience de ses œuvres, sentit vivement les atteintes d'une assemblée oublieuse du décalogue de sept ou huit millions de suffrages et du salut que lui avait procuré le Président par ses triomphes contre les émeutes toujours renaissantes, et qui auraient été victorieuses sans le bras formidable qui leur infligeait le ridicule de la défaite et de l'impuissance. Sans le bras de Louis Napoléon, les émeutes auraient été ce qu'elles furent en 1793. La législative commença à se révolter contre la pondération de Louis Napoléon, par l'organe de M. Thiers. Ce publiciste ambitieux sentait que les désordres ne pouvaient profiter à sa pensée rétrograde que par le renversement de Louis Napoléon ; aussi sa lutte devint-elle incessante jusqu'au dénouement providentiel dont la France, dans l'intérêt de ses prospérités et rang supérieur, dut se féliciter.

Le ministère Dufaure était devenu homogène à la législative ; ce fut une raison pour lui substituer le ministère d'Hautpoul et Ferdinand Barrot.

Toutes nuances politiques de l'assemblée, sauf

le noyau napoléonien, l'écho de la nation, avaient fusionné dans le but du renversement de Louis Napoléon. Forte du nombre, la législative demanda par l'entremise d'Eugène Sue, le suffrage restreint, en remplacement du suffrage universel; Louis Napoléon adhéra à temps à ce changement, qui privait l'urne électorale d'un tiers de votants.

Fière du succès de l'obtention du suffrage restreint, la législative se croyant omnipotente et à l'abri de tous les orages, se laissa entraîner à tous les écarts énergumènes; elle affichait une intolérance inouie et des scandales d'un avenir tout-à-fait dangereux.

Le journal *le Pouvoir* pour avoir inséré dans ses colonnes un article qui disait que les assemblées délibérantes étaient le foyer des discordes et des guerres civiles, fut traduit à la barre de l'assemblée par le ministère de M. Base, que l'histoire appelle l'avocat de *l'hypothèque et du mur mitoyen*. Le journal *le Pouvoir*, pour avoir été historien consciencieux et éclairé sur les péripéties des assemblées délibérantes, soit du temps de la vieille monarchie, soit à la date du veto de Louis XVI, fut condamné à une amende de cinq mille francs.

La législative, dans son orgueil et dans l'impunité de ses actes, croyait mériter les honneurs divins. Elle pensait ne relever que d'elle-même, s'arrogeant par anticipation la faculté de briser la réélection de Louis Napoléon contre les volontés souveraines de la France.

Le général Changarnier partageait les folies de l'assemblée, et publiquement à la tribune, où il déclarait formellement que la réquisition directe appartenait à la législative et non au Président ; que la lettre et l'esprit de la constitution lui déféraient cette compétence exclusive. Pour cette sortie illégale, le Président destitua le général Changarnier : sa félonie méritait évidemment cette disgrâce.

La législative comptant sur sa force pour la réquisition directe, voyait le parti orléaniste représenté par MM. Thiers, Broglie, Molé, cherchant à transiger avec le parti d'Henri V, privé de lignée. Après le règne d'Henri V, les d'Orléans auraient trôné à toujours. C'est dans ce but que MM. Thiers, Molé, Broglie fesaient des visites à Claremont, et que MM. Berryer, Saint-Priest et Laroche Jacquelin en fesaient de leur côté à Visbaden. Les républicains du National se rangeaient à raison de leurs mêmes passions que les orléanistes, sous le drapeau de M. Thiers, conseiller du système fusioniste. Cette fusion avait pour objet le retour du régime parlementaire, et M. Thiers était fait pour dominer le pays et les situations, sous l'ombre d'un roi fainéant. Les fidèles de Louis Napoléon dans l'assemblée, fesaient cause à part; La Montagne, qui, à la première révolution, avait vaincu les monarchiens et les girondins, pensait profiter de la prostration de Louis Napoléon, comme elle avait profité de celle de Louis XVI, pour régner et remplir son rôle ordinaire d'émondage dictatorial.

Il fallait avant tout briser les racines de la présidence napoléonienne, et c'est à quoi tendait l'ensemble des partis; tous étaient idolâtres, sauf le parti de Napoléon qui était la tribu de Lévi.

Avant l'événement du 21 Janvier, Louis XVI avait bu plusieurs fois le calice d'amertume. La législative croyant infliger le même événement à Louis Napoléon, ne cessait de l'abreuver de fiel et d'amertume. En deux reprises, on lui refusa les subsides nécessaires à son administration, et le dernier refus fut irritant au point que le pays fesait des souscriptions de toutes part, pour suppléer au mauvais vouloir de l'assemblée. Cette souscription la montra en toute la France comme indigne de son mandat. Napoléon pria la magnanimité du pays de suspendre ses collectes; il lui exposa que l'ordre de ses économies et privations serait suffisant pour le maintien de l'exercice de son administration.

Au refus des subsides, la législative ajouta la calomnie d'un nommé Allais, à qui on avait fait dire que le Président du pays était dans l'intention de faire périr le président de l'assemblée ; Allais rétracta ses dires et calomnies.

Les persécutions contre Louis Napoléon fesaient murmurer le pays ; l'assemblée qui se rappelait que la constituante avait été hétérogène à la nation, lors des élections du Président, concevait toutes sortes de malversations pour se soustraire à des craintes bien fondées. Elle demanda à hauts cris le changement de ministère d'Hautpoul, qui fut remplacé par le ministère Barroche, pris en dehors de l'assemblée. Cette circonstance fit demander la comparution du Président à la barre de l'assemblée.

Les partis se dessinèrent lors de la révision de la constitution ; M. Berrier, au nom d'Henri V, demanda l'abolition de la constitution ; il se vit isolé de tous les partis.

MM. Thiers, Molé et Broglie opinèrent pour la non révision, par cela seul que l'art. 45 ne pouvait qu'engendrer les orages, attendu les atteintes qu'il portait aux libertés nationales. L'article 45 ne pouvait que susciter des troubles et désordres; or , à leur faveur, M. Thiers pouvait rétablir les d'Orléans sur le trône.

Le modérantisme républicain se prononça pour la non révision ; dans le modérantisme étaient les notabilités Cavagnac, Dufaure et Michel de Bourge ; ils espéraient qu'au moyen de l'art. 45 Louis Napoléon ne serait pas réélu, et suivant la lettre, il ne pouvait reprendre les rênes de Président.

A cause du conflit entre l'art. 45 et la volonté du peuple, les tempêtes étaient sûres de se faire entendre ; or, ce sont les tempêtes qui sollicitent toujours un nouvel ordre de choses, c'étaient donc les tempêtes qu'on avait intérêt d'apaiser ; or, pour parvenir à ce résultat de calme, il fallait mettre en pratique l'opinion de M. Dupin, qui voulait qu'on soumît au suffrage universel la question de savoir si le peuple pourrait ou ne pourrait pas réélire le même Président à l'expiration des quatre années voulues par la constitution.

Au moyen de cet appel, qui nécessairement aurait permis la réélection, les républicains consolidaient leur nature gouvernementale ; or, son habitude aurait pu faire pousser des racines profondes dans le pays.

La législative qui se rappelait le triomphe du général Cavagnac, le 23 Juin, avait mis sa confiance entière en le général Changarnier. La législative s'arrogeant la réquisition directe, en avait placardé l'affiche dans toutes les casernes. La législative proposait non une guerre civile contre Louis Napoléon, mais un coup de main ; c'est ce coup de main, et non une bataille rangée, que craignait le Président, qui avait en sa faveur l'union de la nation et de l'armée. C'était un coup de main lancé par des artifices qui l'avait capturé à Strasbourg : l'expérience lui donnait des craintes. C'est pour les dissiper et se sauvegarder contre ses ennemis, communs à la nation, que le 2 Décembre, de grand matin, il prit des mesures que lui dictaient la paix, l'ordre et l'harmonie patriotique. Confiant dans l'armée, il lui donne le mot d'ordre, et sous ses auspices, les chefs des factions sont bénignement appréhendés et conduits sur les frontières, d'où ils prirent leur essor pour des voyages récréatifs. Ces mesures étaient en rapport avec la maxime : *Dans la guerre, il faut faire le moins de mal possible.* La détermination prise par Louis Napoléon fut applaudie des principaux chefs du camp ennemi. On admira l'à-propos magnanime de sa défense ; elle fut bénie par la nation, l'histoire, l'Europe et notre principe.

Quelques Réflexions sur la Stabilité de la Dynastie Napoléonienne.

Le bon sens et les passions, on l'a dit, sont de tous les temps et de tous les lieux.

Les péripéties de l'épopée organique de la race napoléonienne sont à peu près les mêmes que les péripéties de la race capétienne. Les faits parlent, écoutons leur langage : — Eudes, fils de Robert le Fort, de la race capétienne, meurt, ainsi que son frère Robert, de mort violente, et Napoléon assassiné à Sainte-Hélène, et son fils en Autriche, expirent sur la roue du martyre, à l'égal des deux Capétiens d'initiative. Les circonstances, avant l'élévation au pavois de Hugues Capet, produisent l'optique des fainéans Louis d'outre-mer, Lothaire et Louis V ; pareil tableau de 1815 au 24 Février 1848 ; ce tableau porte Louis XVIII, Charles X et Louis-Philippe, évidemment très-éphémères, garrottés par le régime constitutionnel, représentant exactement par ses vices les préliminaires du régime féodal. Hugues Capet s'éleva au trône par la gloire héréditaire de Hugues le Grand et le suffrage universel de Noyon, et Napoléon III s'est élevé à la première place sous les mêmes auspices de Hugues Capet, toutefois en faisant la part au passé barbare et au présent civilisateur. Hugues Capet eut à combattre les phalanges féodales, tissues de la puissance temporelle des papes, et Louis Napoléon a pour mandat de convertir le libéralisme au gouvernement paternel et démocratique et les anomalies ultramontaines à la pureté de l'évangile, la mort des dissidences et le ralliement de tous les égarements en matière de religion et de controverse. Napoléon Ier promena les doctrines du mont Sinaï dans toute l'Europe.

La mission de Napoléon III est de les régulariser et de les rendre pratiques. Les intelligences veulent le préalable de l'instruction, et après que la maturité lui a dit de s'installer, elles la pratiquent avec gratitude et persévérance. Les fruits de l'instruction sont l'ordre, les libertés nationales et internationales.

ÉGALITÉ, LIBERTÉ.

Le révérend père Lacordaire, supérieur en éloquence aux pères latins Tertulien, Saint-Cyprien, Saint-Augustin, supérieur à l'éclair Saint-Bernard dans les ténèbres, et l'égal des pères grecs Saint-Basyle, Saint-Grégoire, Saint-Chrisostome, a dit, dans son discours à l'académie, discours riche d'histoire, de philosophie, d'ordre, de bon goût littéraire, d'ornements oratoires et digne de la réponse vive et savante de M. Guizot, que la *démocratie des Etats-Unis aime l'égalité dans la liberté, et que la démocratie de l'Europe aime l'égalité dans la servitude.* La servitude, est *l'état de celui qui est serf*, d'après le dictionnaire de l'académie. — M. Lacordaire met l'Europe sur la ligne de Rome païenne. L'Europe et la France , guide de l'Europe , n'ont jamais aimé l'égalité dans la servitude. La servitude n'est ni française ni européenne. Les fiers Sycambres , nos aïeux , aimèrent toujours l'égalité , mais jamais dans la servitude ; les malheurs purent la leur infliger , mais jamais leurs sentiments. Leur feu sacré eut toujours horreur de Tibère et de ses vils esclaves. La France et l'Europe veulent , et on ne saurait leur ravir ce droit , l'égailité dans la liberté unie au génie dynastique , et en son absence dans la liberté chevaleresque , mais jamais dans la *servitude*. Ce terme est révoltant , quelque sens qu'on veuille lui donner.

En France , la liberté chevaleresque est dans toutes les classifications , l'une d'elles fournit le baron Seguier au pouvoir judiciaire , sur les vœux de Napoléon Ier. La liberté chevaleresque étincelle dans le domaine des faits ; on la voit écrite sur les lances du champ de bataille , comme sur les robes et habits brodés de la magistrature ; par ces emblèmes , la peinture des récompenses matérielles , honorifiques et héréditaires , Napoléon premier organisait l'avenir politique sur des bases prospères et immuables. L'ivraie sociale enracinée dans l'opulence , pouvait être un obstacle au rayonnement du bonheur général. C'est pour con—

vertir cette ivraie en bon grain, que la liberté avait pris pour son auxiliaire efficace, la loi sur les successions du code Napoléon. Un quart de siècle de cette loi, jointe à la maxime de la saine morale: croissez et multipliez, suffit pour le triomphe de la fraternité chevaleresque, appuyée des rémunérations matérielles, honorifiques et inaliénables, dans le chef des familles privées, où se sont signalés de grands services patriotiques. Pendant dix-huit ans du régime constitutionnel, l'ivraie sociale était devenue vivace; à raison de sa fougue, on était presque en désespoir de cause de pouvoir l'étouffer. Un quart de siècle de fausse nature gouvernementale, lui avait donné les mêmes caractères d'intensité, que les suites du règne de Louis le Débonnaire, à la rouille féodale. Pour niveler les Aarons, il faut de rigueur le génie du trône, et en son absence, la liberté chevaleresque. Cette liberté avec une main de force médiocre au sceptre, suffit à la marche honorable du rouage gouvernemental. Les rémunérations à triple prérogative, sur le champ de bataille, ont été restreintes ; or, la restriction ne détruit pas l'esprit de retour d'une institution reconnue évidemment nécessaire. C'est ainsi qu'après l'éclipse de la restriction du suffrage universel, ce suffrage reparut dans tout son éclat sous le ministère du comte de Morny. Toutes les couches de la cité sont estimables aux yeux du suffrage universel ; or, le suffrage restreint qualifiait les couches infimes du peuple, de vile multitude. Tout le monde est honorable devant l'autel de la patrie ; il est comme le ciel qui est fait pour tous.

La liberté chevaleresque date du règne de Charlemagne. Cet Empereur la mit au monde, on se rappelle le fameux Roland, pour racheter les hommes libres, des chaînes que leur avaient imposées les abus et malversations de la puissance seigneuriale. La création de la chévalerie rendit les hommes libres à leurs droits originaires, et notamment aux nobles exercices du champ de Mars et de Mai. La renaissance de la liberté reçut l'accueil bienveillant de tout le monde ; et les grands de l'état, pour qui les conquêtes de Charlemagne étaient vibrantes de bonheur et d'enthousiasme, allèrent au-devant des décrets de restitutions envers les couches libres qu'ils avaient spoliées.

Après que les genoux d'Etienne V eurent reçu trois baisers des génuflexions de Louis le Débonnaire, bafoué par la pénitence canonique, la liberté chevaleresque fut submergée de barbarie, sa résurrection ne devait s'opérer qu'au changement de race. Son immersion devint la sonnerie de toute espèce de désordres et déchirements politiques. Ils devaient durer jusqu'à l'élévation au pavois de la race capétienne, époque où Pierre l'Hermite et le grand Saint-Bernard embouchèrent tour à tour la trompête de la rédemption des peuples. L'éloquence de ces pères de l'Eglise fut secondée de la gloire et de l'habileté de la troisième race.

Revenue sur le théâtre des luttes, la liberté chevaleresque fit des prodiges de valeur contre l'organisation des abus et anomalies. La hache de la liberté chevaleresque éguisée par le Ciel, trancha successivement toutes les racines du régime féodal et inspira des craintes révérentielles à ses reflux, qui rendirent les armes à la balance de Saint-Louis et de Philippe-le-Bel. A la venue de Louis-le--Grand, les reflux féodaux avaient reçu le coup de grâce de la liberté chevaleresque, honorée et respectée des nations.

Le régent de Louis XV et son ministre, le cardinal Dubois, laissèrent pratiquer aux voltairiens des trafics honteux, au moyen du charlatanisme de Law ; ces licences semèrent une féodalité aussi oppressive que celle qu'avaient créé les débilités de Louis lè Débonnaire. Cette féodalité se substitua à l'ancienne sous des formes philosophiques. Au fond, le pharisaïsme était la devise de cette seconde féodalité. Sieyès, Talleyrand, étaient ses sectaires notables. Le libéralisme a régné jusqu'à notre ère nouvelle. Puisse sa vigilance rendre inoffensives ses aspirations !

Depuis la rénovation de l'Europe par les avalanches boréales, l'égalité a été toujours aimée dans la liberté et non dans la servitude. Je demande au révérend Lacordaire s'il a su qu'un Européen eût dit : *Apollon ne tirait pas plus droit ;* s'il a su que nos Rois et nos Empereurs aient incendié les villes pour surexciter leur musique, s'il a su que des chevaux consuls se soient installés dans leurs écuries ; s'il a su que les besoins en Europe aient sorti au préalable les anneaux du doigt ! En quel lieu en Europe M. Lacordaire trouve-t-il l'amour de la servitude ? Est-ce en Russie ? Le servage est supprimé. Est-ce au-delà du Rhin ? L'Autriche débute par le régime constitutionnel. Est-ce en Italie ? La capitulation de Gaëte et de Messine a mis la cocarde sur tous les fronts. Est-ce en France ? L'étoile de l'honneur brille sur la poitrine du mérite. Nos tribunaux sont inamovibles, le jury est indépendant ; la France a repris son rang de puissance prépondérante, et le nouvel élu à l'académie pratique solennellement la maxime du Ciel : *mon royaume a plusieurs demeures.*

Quand il n'y a pas de liberté en France et en Europe, il y a fièvre pour la résurrection de la liberté.

C'est la fièvre qui épura les siècles de Louis XIII et de Louis XIV ; c'est la fièvre qui a épuré le siècle de Napoléon III. Des tourments de la fièvre est sortie la liberté. Cette vertu est l'effroi des coffres-forts de la convoitise, engraissée au pâturage anarchiste de 1830. La liberté, sauf les éclipses inséparables de l'humanité, règnera douze ou quinze siècles en France ; sa durée sera celle de la dynastie napoléonienne. Après cette époque, un voile ténébreux pourrait la couvrir encore, mais sur le modèle des faces des mouvements diurnes.

Je passe à la seconde proposition de M. Lacordaire : « *Aux Etats-Unis, la démocratie aime l'égalité dans la liberté.* »

Cette traduction me paraît inexacte ; il me semble que M. Lacordaire aurait dû dire : L'aristocratie des Etats-Unis aime l'égalité aristocratique dans la liberté aristocratique. Présentement, les qualifications de libertés démocratiques sont aussi étrangères au pays des Bostoniens, qu'au moyen-âge en France et en Europe, où les serfs étaient au rang des bêtes.

Comment peut-on appeler libres aux Etats-

Unis les couches infimes qu'on traque en prison quand elles manquent d'argent pour plaider contre les riches, et qu'on précipite dans les flammes ou dans les abîmes du fleuve Ontonio, sur leur murmure contre l'esclavage des nègres ! Actuellement aux Etats-Unis, il n'y a ni égalité, ni liberté pour les artisans et prolétaires; on les foule effrontément.

Aux Etats-Unis, l'horizon politique est noir de sinistres; tout y fait présumer la fin prochaine de la république aristocratique. Le vertige, qui s'en est mêlé, sonne le tocsin pour un nouvel ordre de choses ; ce vertige vocifère des manifestes de démembrements suivis de quelques réalités. Les démembrements aux Etats-Unis causeraient comme ailleurs l'invasion étrangère ou les guerres civiles continuelles, car les démembrements sont de l'essence de la féodalité, tous les jours belligérante; mais à notre époque nous n'avons pas à redouter la féodalité ; ce n'est pas à cette marâtre des siècles passés que conduit le manifeste des démembrements chez les Bostoniens. Le manifeste a pour objet l'imitation de notre principe. Pour son recouvrement, qu'on se rappelle l'élaboration qui précéda le 18 Brumaire; qu'on se rappelle la seconde reprise d'élaboration qui précéda notre ère

nouvelle. Pour son enfantement, il fallut les anomalies du régime constitutionnel et des babels du
24 Février. Les mœurs des Etats-Unis sont cha-
leureuses et téméraires comme les nôtres ; pour
cette raison, étrangère aux frimats de la Tamise,
on peut compter sur l'enfantement politique des
Etats-Unis sur l'exemple de la France. Notre suffrage universel, debout auprès du premier arbre
de la liberté, placé sur le mont Golgotha, est
commun pour les merveilles aux Etats-Unis ; par
suite, notre démocratie mariée à toujours à l'hérédité du trône et à ses gravitations homogènes, sera
exactement imitée aux Etats-Unis.

Les semences de cette sauvegarde gouvernementale furent jetées en Italie par le roi Murat en 1808 ;
il inocula la liberté unitaire aux vertus de la péninsule. L'atmosphère politique en porta la propagan-
de sur toute notre planète. Aujourd'hui, les manes
du grand homme, assis sur le fauteuil du martyre
du Pizzo, contemplent avec joie les fruits de son
œuvre sublime. C'est par les doctrines, que le
Machabée du trône de Naples enseigna aux Italiens
que le pape et le souverain de la péninsule sont
rendus au Christ. Que de réflexions ! La tiare occupe le Vatican ; on peut le comparer à l'archevê-
ché de Paris, et le sceptre occupe le palais de Ju-

les César ; on peut comparer ce palais au château des Tuileries. Pour le bon ménage de la tiare et du sceptre, l'expérience est faite. A cet égard, on se rappelle l'entente entre les Vallois et les Papes d'Avignon ; l'un d'eux donna sous le règne de Charles le Sage, une communion efficace aux compagnies anglaises, que la politique de Duguesclin fit enrôler sous le drapeau d'Henri de Transtamarre. Par l'épuration qui vient de se faire à Rome, les dissidences rentrent nécessairement dans le giron du Saint-Père, car la cause de l'hérésie est détruite. Sans les écarts de Jules II, Luther n'aurait pas mis au jour les déviations et les controverses.

L'agonie du mal est à ses dernières convulsions, L'ange rebelle va prendre son dernier souffle.

Vive notre Saint-Père le Pape, spirituel, par les saintes grâces du Dieu des armées ; il est tout de mansuétude, d'amour ; de sentiment et d'épuration. Sa bénédiction est aussi puissante que celle d'Isaï envers le roi Ezechias ; il a à ses pieds le ferme propos de Luther, de Calvin, de Mahomet, de Phocius, de Confucius, des autres sectes. Par l'opération de notre ère nouvelle, le Vatican est un éden, ses cantiques *donnent des rêves aux joies célestes*. Le Vatican reçoit avec profusion l'or, l'encens, la myrrhe de toutes les parties du monde.

Trop longtemps le Pape a béni sa chaîne, présentement il dit, avec l'univers chrétien, *Hosanna* à sa sublime délivrance. Présentement, sa nature humaine est soumise à sa nature spirituelle, et la piété filiale des Rois, des Empereurs, des nations, envers le Souverain Pontife, est une passion du cœur pour le premier vicaire de Dieu.

GERVAIS.

Villeneuve, Imp. X. Duteïs.

TABLE

DES MATIÈRES.